JN440529

김기양의 허수아비

김기양의 허수아비

●

김 기 양 시선집

●

오늘의문학사

■ 시인의 말

살아 숨 쉬고 있는 동안 진정 행복했다면
외로워도 당신을 찾지 않았을 겁니다.

홀로 있어 슬프지 않았더라면
그리움에도 당신을 사랑하지 않았을 겁니다.

구겨진 마음 꺼내어
더듬더듬 당신을 찾았을 때에는

당신이 있어
또 다시 세월을 보듬어 안고 갑니다.

2011. 여름

‖차 례‖

제1부 침묵처럼

제2부 녹지 않는 블랙커피처럼

제3부 젖은 눈빛도 반짝인다

제4부 이 시간을 지키고 있다

제5부 보이지 않는 그리움

1부

침묵처럼

허공에

깨달은 사람은
허공을 못 본다 하였습니다

청정함이 지극해야
빛이 들어 올 수 있고

마음으로
볼 수 있다 하였습니다

하루스물네시간 숨을 쉬면서
수많은 죄를 짓고

부처님의 공덕에
존재를 모르고 살아갑니다

오만의 불씨를 태우며
백팔 염주를 돌리는 여인

무위사

어떠한 장식보다
어떠한 장엄함보다
삼독三毒의 길

작고 초라한 암자
겨우내 얼어 터져
처마 끝을 이어낸 거적들
산의 높고 낮음에 문제가 되지 않는다

회향 길을 찾아
무위의 길 걷고자 찾은 터
모닥불 희미한
나뭇가지들의 흔들림 사이
곡주 한잔에
속세 이야기에 바쁘기만 하다

마음이 있는 곳에 도량이 있고
도량이 있는 곳에 정토가 있듯

부족하여 여기 있나니
속세 인연 귀의함은
남아 있는 마음의
도량은 아닐런지

새벽별

인생길의 무상함을 알고
찾았던가

시시때때 갈구했던
백팔번뇌 고뇌를 안고
밤길을 나섰던가

굽이굽이 산 길 넘어
길디 긴 강을 건너

졸린 눈 비벼가며
상원사에 당도한다

가로등 없는 산기슭에
손전등 불빛 발길에 옮기며
숨가쁘게 보궁에 오르니
천지가 어둠에 묻히고

유유상종의 보살님들
허리 휘는 줄 모르고

문수보살 앞에 청법을 깨우치며
새벽별을 맞는다

눈물의 무게

길을 가다 차를 돌려 경사도가 만만지 않은 산길을 올라 간다

350m의 높이에 자리 잡은 해월사. 석문면과 대호방조제가 한눈에 들어와 가슴을 트이게 한다 조선시대에 불사하여 무수한 전설을 품고 있는 해탈. 단청이 되어 있지 않은 대웅전은 촌가의 기침소리조차 들리지 않고 푸르디푸른 노송의 노래 소리와 흔들리는 풍경소리는 지친 심신을 어루만지며 무거운 어깨를 다독인다, 불빛 없는 법당에 염주를 돌리며 세상 어둠속에 꿈틀거리는 녹지지 않는 악업을 삭힌다 수천 개의 반짝이는 업, 부처님 가피에 묻고 싶다, 불경소리 귀기우리며 때늦은 소쩍새 노래 소리에 한줄기 눈물의 무게를 달아낸다

마음은
불법의 진리를 알지 못한
일구일게一句一偈를 깨닫지 못하고
마음 이곳에 있네

눈썹달

한파의 침묵을 벗어 던지고 불면의 잔뿌리들도 제 갈 길을 찾아 나온다 나서면 금방인걸 천리 길도 아닌데. 짓눌린 그리움에 밤을 헤매는 추억들, 간혹 달님도 곁눈질하고 앙상한 가지도 흔들린다, 서녘에 걸려 있는 법당의 불경소리 해탈열반을 수행하지 못하고 시시각각 일어나는 마음의 미혹과 무명을 제거하지 못하고 고요에 싸인 법당에 앉아 백팔염주 돌리며 뜨거워진 눈에는 이슬이 흘러 내린다, 홀로 서기에 두려움이 엄습해 오던 지난 날, 현실이 힘들어 헤매일 때 삼길 산 해월사에 발을 디딘다.

따스한 일체무심一切無心을 일깨워
넘어가는 일몰에 눈썹달 품고
법당 문을 나선다

새옹지마

더　많은 것을 생각 하지 말고
더 많은 것을 버려야 한다

원망을 키우지 말고
용서로서 사랑해야 한다

어둠 깔린 대웅전 앞마당
뜨거운 온기를 끄지 못한

마지못해 비릿한 바닷바람으로
체온을 식힌다

달빛에 속삭였던 미지의 꿈들
공상의 심야에 뒤바뀜 되고

저물어 가는 늙음의 초라함
밤 갈매기도 울어 댄다

전설 같은 추억이
그림자 길게 바다위에 눕는다

원룸

널브러진 책들의 좁은 공간
쪽빛 불빛 받으며
움직이는 에어콘 바람
현실에 묻혀버린
나를 움직인다

수백개의 도시락 앞에
비움을 비울 줄 모르고
다가옴에 준비도 안 되는 무기력
시간조차 휴식이 없다

사라져버린 햇살이
돌아오지 않기를
기도하는 것처럼
어둠속에
또 다른 어둠속을
헤메고 있는 것은 아닌지,

그대 등 뒤에 흐르는 눈물 1

두 눈 감고 입술 굳게 닫으시고
중환자실 하얀시트 위
어머님은 운명하셨습니다

한 많은 인생길
불심佛心으로 온 마음 다하시고
무릎관절 오는 줄도 잊으신 채
초하루 기도 갓바위 은혜사에서
그 삶의 언저리마저 채우지 못하고 가셨습니다

따스한 손길 얼마나 잡고 싶으셨을까요
사랑했노라
행복하거라
말씀 한 마디 못하신 채
비명에 가신 어머니
사랑합니다, 어머니

내 남은 인생
어찌 어머님의 효를 다할 수 있습니까
대답 없는 어머니의 영전 앞에
고개를 들 수 없는 무게
짓눌려 통곡합니다.

그대 등 뒤에 흐르는 눈물 2

원효암
늦은 자식 점재 해 달라고 석달열흘 기도 끝에
부처님 가피 받아 낳으셨답니다
금자동아 옥자동아
메마른 삶에도 웃음 떠나지 않았던 어머님
그 깊으신 생사번뇌 깨닫지도 못한 채
떠나시는 어머니을 붙잡지 못했습니다

오늘 할머니가 어머님을 낳으신 날입니다
새순도 나지 않고 마르지 않은 땅
빈소에 미역국 올려놓고
못난 자식의 통곡소리는 산천초목을 흔듭니다
저승에서도 미역국 끓여 주시려
어머님은 생일날 기일을 만드셨습니다

어떤 것을 바라는지 알면서도
현실의 변명 뒤에
그 말씀 묻어버렸던 불효자식
어찌 살아야 하는지 목이 메입니다

눈물이 무슨 효가 되겠습니까

오로지 자식 위해
살아오신 모정의 세월
다시 부를 수 없는 이름
불러도 대답 없는 어머니
보살의 만행으로 비단꽃 길 가시옵소서
극락왕생 하시옵소서
그립습니다, 어머니

그대 등 뒤에 흐르는 눈물 3

밤낮 쏟아붓는 빗줄기
자궁 속 따스함을 그리워할 겨를도 없이
어머님을 비명으로 보낸
도리를 다하지 못한 채
끊임없는 불효의 몸부림

한번 왔다 한번 가는 인생길인 것을
모자의 인연 또한 여기까지인 것을
밥 수저 놓고 곡주에 몸담아 몸부림을 쳐도
다시 올 수 없는 머나먼 길
가는 길에는 순서가 없듯
인간의 원력으로 어찌 막으리오

어머님 보낸 슬픈 이별보다
생전에 남기신 아름다움으로
세상 살아가는데 버팀목이 되어 살 수는 없는지요
누구인들 부모 보낸 불효에
통곡소리 산천을 아니 울리겠습니까

세상을 모두 잃은 슬픔이지만
세월 앞에는 막을 수 없는 거지요
님의 등 뒤에 흐르는 눈물
넓은 가슴 되어 세상을 보옵소서

꿈이다

잠자리에 들기 전
그리운 사람을
가슴에서
살포시 꺼내어 본다

무엇을 할까
이 밤
꿈과 현실을
가늠하지 못한 채
그리움에 목이 메인다

텅 빈 내 옆자리는
몽상에서 깨어나
곰삭지 않는 사랑에 매달려
꿈틀거린다

가장

살점을 에이는 찬바람
참 길기도 하다
손발이 동상이 걸리고
먹기 위해
학비 걱정에 일을 해야 한다며
우직한 한마디 던지고
머슴 수저 밥처럼 입안을 가득 채운
그들도 살기 위한 식사를 한다

수시로 쏟아 붓는 서해의 눈발
대산 항 바닷바람은
없는 자의 허기를 더하고
그런 저런 서러움에도 아랑곳없이
추위에 하루를 산다

가장이라서
부모라는 훈장 때문에
눈보라 속 허리 시려도
부러질 수 없는 갈대처럼
흔들거리며 불빛 주어 모은다

디지털시계

냉장고에 부착되어 있는
똑딱거리는 시계소리가
원룸을 시끄럽게 한다

그 녀석 고집한번 대단하다
살포시 잠든 나를 깨워
그리움에 서럽게 한다

거울 앞에 끌어들여
푸석푸석한 몰골
띠를 두른 하이얀 머리카락

날이 밝으면
포장된 모습 되어
빗나간 삶의 나침반으로
그렇게
삶을 등에 업고 뛰겠지.

침묵처럼

왜 사느냐고
물으면 할말이 없습니다

왜 우느냐고
물으면 더더욱 할말이 없습니다

마음을 준 것이 죄였다면
그 또한 할말이 없습니다

서로의 엉킴으로
세월을 삼켰습니다

끊어지지 않는 줄에 매어
흘러왔을 뿐입니다

덧없는 쓸쓸함이라는 것은

허망하게 모두 태웠습니다
앞산 정자 아래 운무가 또아리를 틀고
부르면 다가올 것 같아 보낸 추억들
끄집어내어 눈에 담아봅니다

세월이 흐르고 흘러
불살라 버렸던 시간들
어딘가에 헤매고 있지는 않을까
까마득 잊고 산 줄 알았는데
소멸되지 않은 채
그리움으로 찾아옵니다

기다려도 돌아오지 않을 추억들
들여다 보는 것은
쓸쓸함이라는 것을 알았습니다

도비도에서

많은 것을 갖기 위해
이곳에 왔다

갈매기들이
배를 채우기 위해

물가 돌 위에 새겨진
노래가 맴돈다

비온 뒤 해무 깔린 도비도
멀리 보이는 낯선 섬들

나도 낯선 내가 되어
이곳에 서 있다

연둣빛 얼굴

잔디밭 사이사이
연둣빛 얼굴
멀고 지루한 겨울을 밀치고
자리를 잡는다

아직도 가슴에는
한기가 움츠리고 있는데
잔디밭 사이
민들레까지 터를 잡는다

온몸에 흐르는 봄의 소리
그대 바람 소리
붓끝으로 닿는 마음
아직도 사르르 떨고 있다

눈발 속의 동양화

너를 다시 만날 수 있을까
세상 모든 짐 어깨에 매달고
광대춤을 추듯 덩실거리며
고샅 고샅을 동분서주 헤매었다

말없이 기다리며
시새우고 토라지고
기대도 보고
끌어안아도 보고
야생화처럼 아름다운 이야기와
부실한 안주 앞에 놓고 소주 한잔에 취하기도 했다

주렁주렁 추억이 기억 저 멀리
수면으로 날아 가버리면 어쩌나
함박눈이 퍼붓는 한적한 오후

그리움의 깃털은
눈발 속에 동양화를 그리고
소심한 마음 되어
눈발 속으로 파고든다

임시정거장

이정표 없는 임시 정거장 잠시 머물다 떠나리라는
살아있다는 것만으로
헛헛한 자욱만 남는다

어쩌면 투터운 가면을 쓰고
먼지 펄펄 나는 증설현장을 오가며
하루하루를 연명하는
초라한 모습

불현듯 두뇌를 조여 오는 허탈감
글쟁이였던가
환쟁이였던가

사천오백원짜리 도시락을 나르면서
전전긍긍하는 작은 발그림자
숨겨진 시련을 감추며
멍울멍울 삭이는 주변머리가
참으로 시리다

친구

하루의 일탈을 꿈꾸던 시간
강산이 한 바퀴쯤 돌았나보다

자유가 있으나 자유롭지 못하고
공간이 있으나 공간을 활용하지 못하는
어둑하게 걸어온 걸음

옛 친구 우스게는 카페를 흔들고
야경 유리에 비추는
낯선 여인들의 모습
그 속에 세월이 담겨 있다

날카로운 키스처럼 스치는
미지의 꿈을 꾸었던 소녀들
야단스런 눈발처럼
엉겨 붙은 기억들

여고시절 풀 먹인 하얀카라 위로
여행을 떠난다

나는 허수아비다

나는 허수아비다
삼백육십오일 바람이 불어도
삼백육십오일 차갑게 쏟아 붓는 눈보라 속에도
등대지기 불을 밝히듯
희망의 닻을 내릴 수 없어
속내 드러내 보이지 않는
허수아비다

뭇 새들이 날아와
온 몸을 쪼아대도
메마른 돌밭에 목이 말라도
햇빛을
가슴에 안고 고고히 서 있다

아무도 어루만져 주는 이 없어
안개에 덮여 하얗게 사위어 가도
불만 없이 나날을 버틴다

가끔은 노래를 부르고
스스로 끌어안고 살아도
황혼녘, 외로움에
두 눈 부릅뜨고 해바라기 하는
나는 허수아비다

사랑의 벽

세월이 지나면
애절한 사랑도
유치해 질런지 모른다
행복한 시간들만이
꿈을 먹고 살았던 시간들

이 시간만큼은
상실의 아픔을 짊어지고
경솔한 사랑 앞에
원망할지도 모른다

내 사랑은
늘 외로움 속에 갇히게 했다
어떠한 모습으로도
입을 열지 못하고
기다림 속에 시간은 흘렀다

나는 무엇을 위해
기다림 앞에
서 있는지

삶의 반생

내가 선택한 사랑
지워야 할 사랑이라면
처음부터
만나지 말아야 할 사랑이었다

외로움에 지쳐 흔들리는 걸음
기억 속에 지워지지 않는
영원히 퇴색하지 않을
순수한 마음은 슬픈 사랑이었다

만나지 못해도 고마운 사람
내 전부를 주어도
아깝지 않은 사람
믿음 앞에 온몸을 사위인 아픔

그 사랑을 믿으며
두껍게 포장을 해놓고
그 누구에게도
보여주지 못했던
내 삶의 반이 흘렀다

길 떠나기

허공을 부여잡은 바람 소리
빈산을 흔들고
세상 보는 눈의 어두움과
마음의 부덕함 담아
바랑하나 등에 메고
그저, 끝없는 방랑의 길을 떠나고 싶다

삶의 중심을 잃고
지탱하기 어려운 현실이라면
훠이 훠이
꽃구름 타고 떠나는 것은 어떨런지

길을 가다 백로와 까마귀에게
객적은 눈빛도 보내고
광솔나무아래 여독을 풀며
세상사 행복이
이 어디 있을까

허공을 날다

2부

녹지 않는 블랙커피처럼

녹지 않는 블랙커피처럼

나는 늘
멀리서 당신을 바라보았다.

아프게 부딪는 시련 따위는
옷깃 여미듯 감추어버리고
변색하는 낙엽처럼
희미해지는 믿음도
행여나 밝아지겠지 기다렸다.
굳게 닫힌 마음
손 아프게
두드려도 보았다.

녹지 않는 블랙커피처럼
소망 앞에는
어두운 그림자만 드리우고 있다.

짐을 챙기며

한 개씩
주워 날랐던 보따리
책이며, 옷가지, 벼루, 화선지,
내 주제꼴 그려 보겠다고
부지런히 날랐다.

구실을 다하지 못한 물건들
삼년 내내 먼지에 묻혀 있고
흔적 없는 내 노래만이
곳곳에 배어 있다.

미련도
아쉬움도 없는데
코끝이 참으로 시리다

나를 죽이는 연습에서
또 다른 나를 잉태하며
갈피갈피 억지웃음 띄웠던 이 곳
미완성의 봄은 또다시 오려나.

어떤 날

그리움이 달그락 심장을 시끄럽게 한다.
빈 마음으로
핸들을 돌려 외각으로 나선다.
수많은 별처럼 무수히 깔려있는
기억을 꺼냈다.

어떤 것이 그리움인지
어떤 것이 기다림인지
고뇌에 젖은 아름다움은
또 어떤 것인지

어머니 산소 앞에 서 있었다
목단 꽃처럼 묻어나는 어머니의 사랑
바람결에 군데군데 끼워 놓았다.
저녁 끝은 뚝뚝 떨어지고
멈추지 않는 그리움에
한 없이, 한 없이 울고 있었다.

의지 1

나에게 다가왔던 사람들
흙먼지와 중장비소음에
말조차 어려운 생활
그들은 나의 힘이 되었다

버팀목이 되어주겠다던 친구
아픈 상처를 남기고 떠났다
슬픔 안아 기쁨 되어준다던 아우
서운함에 등을 보이며 떠났다

떠난 뒤에 덩그러니 남아
밤이면 공포와 외로움에
살아온 시간들
저무는 한 해를 맞으며
부러지지 않는 의지가
나에게 뿌리내리고 있었다.

떠나는 문턱 2

처음 내가 이곳을 찾던 그날
잠을 이루지 못하고
다짐에 다짐을 했던 밤

막막한 수평선을 바라보며
끝자락 어딘가에 육지가 있을 거라는
꿈을 꾸며 배에 올랐다.

풍랑과 비바람이 호되게 불어
몸을 가누지 못할 고통에서
현기증을 느끼며
다시 설 수 있었던 자리

이제는
내 인생 수업으로
문서 하나 챙겨
이곳을 떠난다.

불면증 3

그리운 날
그대가 아주 멀리 있어
편지를 쓴다.

미치게 그리워
삽교호 둑에 앉아
비릿한 바다 내음을 맡는다.

외로운 눈물 훔치며
고기들의 힘찬 걸음마를 본다.

세월이 시간을 먹어치워도
눅눅한 그리움은
이 밤을 지키는데

안개 속에
삽교호 수문이 열렸다.

불면증 4

어둠 앞에 그대의 숨소리가 들린다.
불면의 밤은
깊어만 가고

잃은 것은 아니었는데
창백한 아침을 맞는다.

아직도 잠에서 깨어나지 않았을
늦가을 마지막 잎새를 보기 위해
창문을 연다.
안개가 전방을 막고 있다.

아, 좁은 가슴의 통증
지난밤이
너무도 길었나 보다.

반란의 도미노

조건 없이 태어났다
그리고
계약 없는 인생을 걸었다.

감사를 해야 하는 건지
원망을 해야 되는 건지

애뜻한 사랑으로 살지는 않았지만
손길 한번 따뜻하게
보듬어 준 적도 없다.

돌이킬 수 없는 형태로 변해만 가고
숱한 세월 속에 묻어둔 아픔
칠월 장마처럼 반란을 일으킨다.

기다렸던 만큼
희미해지는 진실도
도미노처럼 무너지기 시작한다.

출렁이는 파도

이른 새벽
해무 깔린 바다
먼 나이트 속에 들어오는 초록

며칠 전만 해도
황색 빛 땅을 덮더니
어느새
짙푸른 옷을 입고 있다.

동해바다처럼
출렁이는 파도는 보이지 않지만
찰랑찰랑 만수된
바닷물의 잔잔함을 본다.

그래,
이 정도 외로움이라면
획 돌린 핸들 따라
내가 간다.

성구미 포구

유유히 밀려오는 중장비 소리
바다를 매립하는 작업이다.

멀리 보이는 평택 항은
눈을 껌뻑이는데

무언의 답은
어부들의 쓰라린 심정일까.

속 쓰림의 바다는 어느새
떠날 준비를 하고

터를 잃은 바닷새들만
소금바람을 일고 있다.

당신들은 행복했을 터인데

늦은 밤, 간간히 들리는 윗층 405호, 쿵쾅거리는 소리에 눈을 뜬다. 윗집 사내는 아내를 개 패듯이 팼고, 여자는 자지러지는 비명소리를 낸다.

내 심장도 겁에 질려 있다.

일 분이 멀다하고 고함소리는 온 동네를 불 밝히게 했고, 와장창창 돌격에 이어지는 여자의 울음소리.

당신들은 행복했을 터인데.

분명치 않은 것은 사랑의 배려가 식었기 때문은 아닐는지, 앰블런스 차가 도착되었고 다시금, 새벽은 앙큼하니 잠이 들었다.

귀띔

하루 내내 마음 변두리에는
밤이 늦도록
어깨 너머 넘나드는
서운함들이 절룩이고 있다.

만수가 되어버린 바닷물
어두운 세상 하품하는
새 한 마리가
무거운 듯 갸우뚱 날고 있다.

밀려왔다 뒷걸음질 하는
바람을 타고 온 파도는
그래도 살 만한 세상이라고
귀띔을 한다.

왜목마을 해돋이

어렵사리 마음 열고
아픔 정 삭제하려고 바다에 섰다.

받은 것은 쉽게 잊고
주는 것에 소심했던 나
어둠을 무너뜨리고
하루를 순산하는 열광의 해
바다를 흔들고 있다.

"한 곳만 보고 살겠습니다."
"부족한 것 채워가며 살겠습니다."

아직도 채우려는 욕심
애증도 나이 들면 사랑이라던데.

휴휴암

마음을 비워 보겠다고
훌쩍 떠난 여행길
해무 짙게 깔린 바닷가를 가다가
무심코 들른 휴휴암
턱밑에 손 모아 엄장소멸을 빌었다
고래 잠도 깨울 듯한 성난 파도
아득한 마음 굴하지 않고
눈웃음 짓는 부처님
바다 한 모퉁이 누워
보일 듯 말 듯 무언의 말씀으로
서둘러 가는 삶에
흔들리는 풍경소리는
팔만대장경 머리에 필사를 하고
동안거 해제 날
세상의 눈을 보게 하시리라

삼진아웃

몹쓸 정에 안타를 맞았다.
관중의 환호 따윈 더더구나 싫었다.

쉽게 휘두른 방망이에 안타를 맞고
오지랖 넓은 마음의 상처를
질겅질겅 씹었다.

숫돌같이 어두운 저녁
서글피 우는 내가 되어버렸다.

어지럽게 흩어진 낯선 교차로에서
수신호를 받는
미치도록 저린 그리움으로 잠이 든다.

3부

젖은 눈빛도 반짝인다

젖은 눈빛도 반짝인다

어둠이 드리우는 밤이면
망연한 자유 속에
바닷바람은 마음을 간지럽힌다.

뿌연 안개 사이
띄엄띄엄 보이는 크고 작은 섬들

쓸쓸한 자유가
나를 속박한다.

어둠이 드리우는 밤이면
차가운 불빛 아래
젖은 눈빛이 반짝이고 있다.

낙엽

30도의 강풍이 몰아쳤다
널브러진 너의 모습이 슬프다

바빠진 청소부 아저씨들의
빗자루 소리가 아리다

떠날 줄 알면서도
보내주어야 한다고 하면서도
보듬어 안고 싶었다

파란모습으로
다가올 때
숨이 막혀 어지럼증이 났다
세월의 초침 앞에
아름다움을 알게 된
너의 모습을 사랑했다

아직 잊지 않았는데
가을 태풍에 너를 잃고 말았다

화장실의 비밀

좌변기에 쪼그리고 앉아
뱃속의 이물질을 비우기로 한다

창백한 얼굴
과민성 대장증세
버려야 할 것 하나
의지대로 버리지 못한 채
시계 초침은 흘러간다

노력의 대가는 보이지 않고
도움 되지 않는 이물질을
몸속에 남겨두고
몸을 일으킨다

떼어버리고 싶은
퀴퀴한 삶의 언저리처럼
내포되지 않는 지층의 벽을 흔들기에
내가 너무 작다

수술 이후

열시나 되어 자리를 편다
밤새 보이지 않게 위축돼 있는
수술 후에 통증
이불을 끌어안고 뒤척여 봐도
어떠한 힘도 만들어 내지 못하고
기능을 잃은 채, 새벽녘에나 잠이 들었다

감기 한번 걸리지 않았던 또릿또릿 살아온 육신
어디로 숨었을까 이제는 건망증마저
어두운 구렁을 만든다

막연하게 몸을 추스르고
앞에 널브러진 일들을 뒤로하고
물기 잃은 가을나무처럼
가물어 가는
내 삶의 오류

민들레 홀씨되어 1

— 당진 가는 날

등 떠미는 사람 아무도 없었어
이 몸 가는 굽이길이
멀기만 했어
눈부신 그리움들이
고통의 터를 잡는다
이곳도 사람 사는 곳이지
잠시잠깐 정지된 걸 거야
능력 없이 벌금을 내는 거야

자리를 빼곡히 채운 나무숲처럼
내 꿈도 채울 수 있을 거라며
눈에 이슬이 맺혔어

그리운 사람들의 웃음
눈가에 아른거리고
아지랑이 겹겹이 쌓인 사랑
애써 한숨을 감추는
민들레의 여로

민들레 홀씨 되어 2

— 선몽

막내딸 객지 보내는 것이
못내 아픔이었을까
떠나거라 동행해 주거라

생시 같은 선득함에 눈을 떴다
서글픔의 그림자가 서성인다.

또 다른 색깔과 리듬 속
소란함이 후회스럽고 야속하기만하다.
기대한 만큼의 어긋남이
너무도 크다
낮은 생각에 묻어나는 무지함
어둠의 무늬가
물음표 되어 배회하는 서글픔
내 인내의
끝은 어디쯤일까

이불 속에 몸을 숨긴다.
목젖이 따갑게 조여온다.

일기예보

오후부터 서해 중부지방에 30~40mm의
비가 내린다고 했다.

무게를 느끼는 몸뚱이는
산후조리의 원인이라고 늘 안고 살았다.
씩씩하게 밝다가도
일기예보의 느닷없는 소식에
여지없이 신호가 온다.
서해바다의 습한 공기와
해풍이 몰고 온 빗줄기

진흙탕에 고여 있는 빗방울 소리를 듣는다.
1초의 변덕도 없이
방울방울 리듬을 타고 있다.
한참을 바라다보는 내 볼에도
선을 긋는다.
내 육신은 서해 끝에 서 있고
빗소리가 멈추어지기를 기다리면서
내 분신은 소포로 포장해 내 집으로 보낸다.

눈물나게 보고 싶은 당신

당신이 그리우면
눈물 참아내다
실룩이는 코끝 빨갛게 달아져
파란 지붕으로 바뀐
당신 대문을 두드렸어요.

당신이 보고프면
백합 한 다발 품에 안고
살갗 내음 찾아
하얗게 웃고 계신 손 그림자 잡았어요.

당신을 사랑하고플 때는
감당할 수 없는 슬픔 끌어안고
자장가소리에
울다 잠이 들었어요

팔십 평생 휴일 없이
일에만 빠져 사시다
늦은 행복도 복이라고

한마디 유언도 없이
또 다른 꿈을 꾸려 가셨나요
어머니.

안섬 포구 1

즐비하게 서 있는 네온사인 빌딩숲
수은등 불빛이 졸음을 토해내는
안섬 포구에 서 있다
비릿한 바다냄새
작은 서까래처럼 버팀목이 되고
파도소리에
데리고 갈 추억이 서린 곳
기다리는 사람
그리운 사람
오늘 만큼은 묻어 버리려
익숙지 않은 자리에서
서툰 술잔을 든다

안섬 포구 2

새들이 날고 있다
명분도 없이 눈보라 속에서도
깃털을 부비며 힘껏 날고 있다
어두운 바다를 헤집고
나르는 바닷새들
눈에는 푸르름을 안고
새들은 어둠을 딛고 하늘을 날고 있다
생각하고 생각하는 동안
어디론지 자취를 감추고 말았다
멍하니 불빛에 출렁이는
물빛이 반짝이고 있다
확 달아오른다
세상바람에 허리가 꺾여
움츠러들었던 찬 가슴에
용광로처럼 솟아올랐다

맷돌포구에서

해 그늘 아래 바다를 본다
근원의 끝에서
이루어지는 꿈결 같은 갯벌 위
떼지어 나는 물새들도 함께한다

유치원생을 실은 노란 봉고차가 온다
조개를 캐기 위해
갯벌 위에 내려놓는다
거미떼처럼 와아. 함성이 수평선을 가른다
밝은 세상 부럽지 않은 저 어린것들의 웃음
낮과 밤의 낯설음에도
멈추지 않는 바다처럼
썰물과 밀물의 고난에도
한생의 만행이려니
아무말없는
바다,
바다,
바다,
그리고 갯벌

정지된 시간

기억하고 싶어서
기억하기 싫어서
가슴에 구멍이 뚫렸다
하루 종일 뛰면서
내가 무엇을 했나조차 잃어버린다

누구의 탓도
누구의 잘못도 아니다 하면서도
때로는 원망도 해본다
탐욕의 뒤틀린 욕심도 아닌데
거추장스런 현실의 도피 또한 아닌데
내 운명의 책갈피에 꽂혀 있는
길이었으리라

보석 같은 지난 추억들이
안팎의 구별 없이 어슬렁거린다
차곡차곡 챙겨온 내 소중한 시간들이
잠시 정차하고 있을 뿐인데

공사장의 퍼즐

새벽 6시 하루의 게임이 시작된다
바다를 메운 매립장에
항타기 소리가
아지랑이를 깨운다
햇빛아래 목수들의 망치소리가
뙤약볕에 몸을 달구고 있다
콘크리트가 바닥을 치고 있다

기초의 힘겨운 배려일까 형틀이 올라가면서 아파트의 틀이 잡힌다 한층한층 잡히는 건물 사이 깽폼이 외벽을 친다 하스리와 견출은 애무하듯이 곱게 어루만진다. 하루가 하루인지 한 달이 한 달인지, 숨을 쉬고 있는지 눈을 뜨고 있는지, 시간의 초점은 흐려지고, 달력은 한 장 한 장, 떨어져 나간다

아우성 속에 15층 건물이 서고
근로자들의 피와 땀이
둥지를 튼다

찔레꽃 당신

문득
너무 쉽게 당신을
오랫동안 잊고 살았습니다
시간이 흘러가듯 하루하루를 따라다니다 보니
당신마저도 잊었습니다

오늘
목젖이 따갑더니 가슴 밑둥이가
도려내듯 슬픔이 밀려듭니다
수많은 기쁨과 슬픔을 안았던 당신
당신의 살내음에 바람도 울고 있습니다

세월이 흘러도 이토록 잊혀지지
못하는
거역할 수 없는 당신의 막내딸
때문인가 봅니다

되새김

참으로 춥다
눈발로 바뀐 잠자던 시간들
서글픈 회한 같은 거
가슴으로 저미는
왠지 애절한 삶이 떠오른다
발가락 끝에서
머리끝까지 스멀스멀 기어다닌다
막힌 내 가슴
금 간 놋그릇 사이 물 새듯
잊혀진 눈물들이 자꾸 새고 있다
아
얼마나 오랜 세월이 흘러야
틈새에 막힘이 되려는지
심허한 마음에
십일월 달력만 달음질을 친다

4부

이 시간을 지키고 있다

이 시간을 지키고 있다

후미진 골목에 차를 주차했다
간혹 아파트 창에 불빛이 새어나오고
상점문은 굳게 닫혀있었다

반쯤 누워 밤하늘을 본다
구름에 별이 몸을 숨기고 있다

옹벽 끝 수은등 불빛만이
원을 그리며 간신히
이 시간을 지키고 있다

얼룩진 속이 보일 것 같아
부끄러운 가슴을 어루만지며
10층 계단을 오른다

모퉁이에서

언제부터인지
먹구름 하나가 떠다니기 시작했다
정을 가르는 시간들을 넘나들면서
준비 없이 소낙비를 만나게 했다

매운 바람에 휘말리어 밖으로 나다닐 때나
아픈 통증으로 밤을 지새울 때나
한순간도 잠을 자지 않는
삶의 물결마저 모두
운명의 뒤안길에서 헤매는 것은 아닐지

창문에 기대어 밖을 본다

이봄 내내 그토록 아름다웠던 영산홍
여신의 향을 담은 라일락꽃도
바람 끝,
모퉁이에서 떨고 있다

딸에게

너와 나의
무늬를 만들었지

이렇게 마주 앉아
쫑알대는 모습도
짧은 머리 허리춤에 닿을 때
사랑한다는 사실만 남기고
조용한 웃음으로
사랑 찾아 떠나겠지

너는
나의 무엇이었을까

멀잖아 혼자임을 깨닫고
철없던 너의 어린 시절
그리움 되어
가슴에 묻고 살겠지

달무리 진 하늘을 바라보며
별똥별 하나, 둘, 세겠지

깨어진 유리조각

— 어머니 3

떨리는 눈빛을 보았습니다

지아비의 굴레로 헝클어진 청춘
시린 가슴 만지며 한 길로
고운 빛 일구어 놓으시고
모퉁이에서 눈물 흘리시는 당신을 보았습니다

산다는 것은
푸석한 먼지와도 같은 거
덧없이 흐르는 시간 같은 거
나이 들수록 자식 사랑 품안에 넣고 싶어
가닥가닥 상처 안고
좁은 어깨 들썩이던 당신

당신 그 사랑으로
에미가 되고 애비가 돼서도
오랜 그 사랑 덮어둔 채
세월 가는 줄 모르는 자식들

그 자식들 바라보며
깨진 유리조각 줍듯
주섬주섬 섬기는
속은 텅빈 당신

시월의 바람 앞에

— 어머니 4

바람 앞에 맥박이 휘청거리고 있다
애증의 갈무리하지 못하고
삶의 옷을 벗는 내 어머니

시월의 바람 앞에
어머니의 세월은 실종되고 말았다

미동 없이 껌벅이는 눈동자는
닦아도 닦아도
닦아지지 않은 아픔
삶의 끝을 동봉하듯
상실된 체온을
무겁게 안아야 했던 순간들

다시 볼 수 없는
다시 부를 수도 없는
당신은 나의 어머니

가을 앞에서 1

어쩌다 어쩌다
남몰래 우는 버릇 생겼다
엉금엉금 걸어온 흉터 떼어버릴까
강가를 찾았다

겨울을 재촉하는 바람소리
보랏빛 용담꽃은
하나, 둘, 노란 옷을 벗고 있다

그래, 내 안의 삶이 맑기만 했다면
사막이 되었을지 모른다
천둥과 비바람이 계속되었다면
터진 자리 많이 아팠을지 모른다

바람 한 자락 볼을 스치고
철새들 물수제비 뜨는 날
이런 날이면
잔잔한 물위에
하이얀 달빛이 뜬다

철쭉

얇게 접힌 햇살
화살처럼 튕겨나온다
흔들리며 잃어버린 시간들
빨갛게 물들어 가네

천만년 흘러
관능적으로 피어오르는
너의 아름다움
세상 밖으로 터져
깔깔대며 웃는 붉은 입술

쉴 곳을 잃은 마음
부끄러워 부끄러워
희망 틔운
작은 숲에 숨고 싶네

달맞이꽃 노래

등돌린 그대를 끌어안고
쏟아져 내리는 빛을 보았을 때
휘어진 허리로 절벽을
오르는 심정이었습니다

콩콩 튀는 햇살이
꿈틀거리고 있을 때
복수가 차오르고 수분이 부족해
말없이 죽어 가는 연습을 했습니다

풀잎 사이 별빛이 시리면
노오란 그리움이 다올라
가슴 저려야 했습니다.

새벽을 기다리며
잡초들의 품에 안겨
눈물 적셔야 했습니다

입영 통지서 2

늘 같이 있을 때는 몰랐다

감추었던 편지 슬그머니 내놓고
밤새
눈가를 적시던 너
휑한 마음 더 크게 비는구나

더 많은 날을
그리워하고
더 많은 날을
재촉하며
내 인생 전체를
삼킨다해도
부르면 다가올 이름이여

타인 1

단지 웃고 있을 뿐입니다
잊어야 하는 아픔
들키고 싶지 않아
그저 서 있을 뿐입니다

붙잡고 싶지 않습니다
인연이 여기까지임을
굳이 떠나지 말라
하고 싶지 않습니다

단지 바라만 보고 있을 뿐입니다
미처 나 일지 못했던
이별을 가져다 준 당신

이별 앞에 당신은 타인입니다

타인 2

정작 손을 내밀지 못했습니다
내 맘 다 알고 있는 듯하여
입을 열지 못했습니다

밟히고 지나간 흔적들
마음으로 용서하며
속을 다 보이지 못했습니다

텅 빈 거실에 우두커니 앉아
속 다 태우고
울리지 않는 전화기 옆에서
꼼짝하지 못했습니다

티눈

허옇게 부어오른 몸
한 점 한 점
떨어져 내리는 잔해
내 몸의 일부를 내던져야 하는 일
아픔을 느끼게 하는 너는
작지만 살 속 깊이 파고드는
낙타등 같은 존재였어
있어서는 안될 존재였어

상처 1

세찬 바람이 불고 있다
기둥이 흔들리고

누구였던가

해묵은 발자취
끊임없이 찾아드는
녹아 내리지 않는 파편들

어릴 적 단칸방에
뒤엉켜 쌓아온 사랑
아픔도 기쁨이고자 했던 사랑

그렇구나
잡았다 하면 달아나고
찾았다 하면 날아가고
작은 심장에 태풍이 분다.

상처 2

내 탓이라 했다
땅에 곤두박질한 자존심이
내 삶의 멍에로 얼룩진
선물

하루를 일년처럼 마를 날 없이
넘쳐 넘쳤던 슬픔
그렇게 쉽게 버릴 수 있는 당신
헤아려 달라 목메어 잡고 싶지 않았다

다만
당신 위해 울었었구나, 아팠었구나
그 한 마디

그대의 소매 끝에
묻은 그대를 사랑한 죄값의 상처
밤새 잊으려 달래보지만
떠나지 않는다

둥지

한번쯤 떠나고 싶었다
나를 버리고
준비 없는 방황을 하고 싶었다

한번쯤 타협을 하고 싶었다
혀끝에 도는 새콤함에
흐느적거리는 세상과 무엇이 다르냐고

혼절한 마른 바람 잡고
둥지를 맴도는
그런 여자였다

5부

보이지 않는 그리움

비 오는 날

가슴에 비가 내린다
이런 날이면
늘 마음은 가난하다

구름과 구름의 포옹
내리는 빗줄기 속에
일렁이는 숨결은
한 마리 새가 된다

구름에 묻고
바람에 묻고
보이지 않는 그리움
젖은 날개 가눌 수 없어
깊은 울음
흔들리고 있다

바람이었는지 몰라

산을 오르다가 문득
비문 지워진
묘를 보았지
잡풀도
숨결조차 기르지 않는
묘지에는
누구의 혼이 있을까
대문 없는 문
나오지 못하는 영혼
어쩜
하늘을 날고 싶었던
새였는지 몰라
어쩜
구름 몰고 다니는
바람이었는지 몰라

강가에서

바람이 분다
피어오르는 망초꽃 사이
그리움 두드려
깨우는 사랑
가을을 맞으며
살아 숨쉬는
빛깔소리를 듣는다
계절을 삼켜버린 소리로
속으로만
흐르고 있다
해거름 황혼을 밟으며
찬 바람 품에 안고
발길을 재촉한다

금강

금강은 가슴에
별을 가꾼다.
감청빛 인연으로
별이 흐르는 강물에
마음으론들 그대 하나,
그대 하나 사랑을 싣지 못하랴

천 년 아름다운 영혼으로,
흐름의 의미 전부를
후회없이 맡기고 가는 목선木船의 잔영,
물무늬 겹치는 추억의 흔들림

그 낭만의 물살에
검은 머리 감아 빗으면
가슴에 고이는 아주까리 빛 하늘
하늘에서 울려오는 종달새 울음소리

지난 발자취 속에서
허식은 진실이 되고

맑은 믿음에서 철철 넘치는
너와 나의 소망所望
눈빛만 보아도 어지럼증의 만남으로
지금 이 만남으로 강 구비구비 인사하며
인고의 세월을 낚아올린다.

아, 내쳐 흘러가는 숙명에
대청댐, 여기 영혼의 통로를 여노니
병病으로 친들
약藥으로 친들
그대 하나 사랑을 담지 못하랴.

바닷가에서

바람을 가르며
갈매기가 파도를
쪼아올리고 있다

물보라 속에
차곡차곡
추억을 쌓는다

여자의 가을

통곡소리를 들었다

사람들의 발길에 채이며
나뒹구는 빛바램
힘없이 부서지는 몸
춥고 목마름이 싫어
떠나려는 낙엽을 보았다

산하山河를 환각처럼
불사르던 영혼
외로운 빈 가슴을 보았다

촛불을 켜며

'타고 싶다'
사랑이 그대에게 왔을 때처럼
그 가슴에 별을 가꾸며
입맞춤하듯이 속으로 말하라

눈과 어둠에 갇힌 겨울 벌판
초록빛으로 꿈꾸는 보리싹,
단심丹心으로 지켜라

'멀리 가고 싶다'
가멸한 영혼의 방房을 비추는
그 동정童貞의
불심지를 찾아

너와 나
그리고 우리들
뜨거운 가슴 한가운데에
방울방울 촉루燭淚로
닫힌 마음의 빗장을 녹이자

웬만한 외로움이야
타서 재가 되면 그만이지,
웬만한 어둠이다
기름 부음으로 거듭나면 되지

이제
여명黎明으로
맑은 소망의 통로를 밝히며
아침의 순수를 예비하자

새벽 기도 길에서

도시를 지키는 수은등 불빛 아래 새벽 기도의 길을 준비한다 가끔씩 보이는 철거되지 않은 포장마차 삶의 경쟁에 뒤지지 않으려는 우유 배달 눈 비미며 졸음을 쫓는 신문 배달 빨강색 신호등에 잠시 멈춘다 교차로에 나뒹구는 낙엽들의 몸부림 밤새 내란에 시달렸던 휴지조각의 반란 청소부들의 가을은 아직도 바쁘기만 하다 지팡이를 의지한 채 할아버지가 걷고 있다 바람도 추운데 한숨 끌어안은 서글픔 다시는 깨어나지 않을 것 같은 한없는 절망감 아스팔트 위 바스락거리며 나부끼는 저, 나뭇잎

이 작은 세상에
내 작은 심장은
슬픈 새벽으로 간다
도심인데
멀리서 들리는
닭 울음 소리

절 마당에서

먹구름 같은 마음으로 숲속을 걸었어
푸르게 커나는 밤나무 잎새
하늘빛 내려앉은 버찌
거꾸로 매달려 있는 것을 보았어

봄내 바람에 시달려 허리 휘어지고
숨가쁘게 절 마당을 돌아도
가지고 온 시름 버릴 곳이 없었어

쏟아지는 눈비 한 백 년 맞고도
쓰러지지 않는 석탑을 보니
주머니 속 시름
그대로 품에 안고 돌아왔어

무더운 날 소낙비는 내리고

절망의 골짜기에도 빛은 보입니다

비가 내립니다
당신의 눈물처럼 쏟아집니다
담을 넘을 수 없기에
석양만 바라봅니다

당신의 마음 믿는 사람 없어
허공만 쳐다봅니다

어둠에 묶여 쓰러져
꿈을 꾸면
벽에 새긴 날짜 지워가며 미소 짓다가
빗소리 묻어나는 소리에
잠이 깹니다

신새벽을 맞는 이슬
갈대잎 갈라지는 슬픈 소리
절망의 골짜기에서도
그리움이 피어 오르고
어둠 속에서도
어깨를 흔드는 빛이 보입니다

당신은 누구세요

창밖의 댓바람 소리에
눈을 돌립니다

먼지로 자욱한 세상을 보면서
안개꽃처럼 살아가는
당신은 누구세요

바람처럼 떠돌다
사랑보다 깊은 걸음으로
가슴에 다가오는 당신

검은 하늘
흔들리는 외로움에
그림자가 되어 준 당신

해가 바뀌어도
거듭나는 아침의 미소처럼
끊임없이 곁에 서 있는
당신은 누구세요

빈 자리

— 아버지를 그리며

날던 새도
빈 가지 위 날개를 접고
산천초목도 하혈을 토합니다
좁은 칠성판 위
홀로 누워 가는 인생
손때로 얼룩진 자욱마다
통증되어 흐릅니다
허무만이 남겨 놓은 텅빈 자리
상여끈 부둥켜 안고 울어보지만
후회만이 울부짖습니다.
긴긴 밤 칼잠으로
잠못 이루는 어머님
어느 사랑이 채울 수 있습니까.
한스러운 알갱이들이
곪 삭아 내리는 날까지
당신,
조용 조용 가슴에 묻습니다.

어머니의 나들이

흐르는 물처럼
어머니 사랑 등에 업고
깎아내도 기억나는
보릿고개 회상하며
눈꽃 내리는 강을 거닙니다
늘 마지막까지
입 다물고 계시다가
동문서답하시는 어머니
슬쩍슬쩍 지나간 인생길에
뒤돌아갈 수 없는 아쉬움에
잔주름만 굵어지고
뒤우뚱 걷는 등뒤에
사랑이 보이는 어머니는 마음은
늙지 않았습니다
홀로서기의 황혼길에서
시린 가슴 빗질하는
여자의 일생 앞에
버들강아지 꽃이 핍니다

산기슭을 바라보며

— 사랑하는 남편에게

노을 속에 갇힌
한 마리의 새
머리 깨어지는 소리를 보았습니다

그늘진 숲 서글픈 가슴
누가 알겠습니까
승진이란 것이 멀게만 느껴지는
말없이 늙어만 가는 당신을 보았습니다
한쪽 어딘가에 텅빈 가슴 달래며
살얼음판을 걷는 당신의 하루

지친 등을 돌리며
맥없이 산기슭을 바라보는
당신의 동료들도 보았습니다
현실 속 거친 바람을
이봄 내내 보았습니다

오늘이 가고 내일이 오면
날 세우고 가슴 파헤치며

그윽히 안기우던 역겨움도
아름다운 삶의 그림자로 남겠지요

첫눈 내리던 날

버리려 버리려고 해도
끝내 버릴 수 없는
추억의 흔들림이
가슴 한 가운데에 있다.

늦은 밤
줄기차게 쏟아지는 눈발 가장 밑바닥에
너의 모습 수평선 되어
하얀 웃음 가루 뿌린다.

수없이 잠겨드는 순간
영혼을 보듬어안으며
이해할 수 없는
공식 속에서 이 밤을 보낸다.

눈물만큼 버리고 싶은 너
밤새 내리는 함박눈은
하나의 추억을
냉각시킨다.

| 해설 |

성숙된 통찰과 정신주의의 지평

— 김기양(金基良) 시인의 시세계

조 남 익 (시인)

1 높은 정신주의의 지향

지천명에 이른 김기양 시인이 시선집을 낸다며 해설을 청한다. 문단도 엄연한 전문인 사회여서 전문성의 길을 함께 해보기로 했다. 나이가 많아야 40대려니 했는데, 50대라니 나이는 나 혼자 먹는 것이 아님을 느낀다.

김기양 시인은 《오늘의문학》(1996) 《문예사조》(1997)에서 등단한 이래 4권의 시집을 낸다. 『보이지 않는 그리움』(1998), 『이 시간을 지키고 있다』(2004), 『젖은 눈빛도 반짝인다』(2007), 『녹지 않는 블랙커피처럼』(2007) 등이 그것이다.

이 시선집은 이미 발간된 4권의 시집에서 각각 15편씩 모두 60편을 선정하고, 신작시 24편을 추가해서 편집된다.

분량도 분량이지만, 시의 수준이 잡힌 유용한 시집이 될 것이다. 더구나 김기양 시인은 지금 높은 정신의 경지에 이르려는 치열한 노력을 보여준다.

인생길의 무상함을 알고
찾았던가

시시때때 갈구했던
백팔번뇌 고뇌를 안고
밤길을 나섰던가

굽이굽이 산 길 넘어
길디 긴 강을 건너

졸린 눈 비벼가며
상원사에 당도한다

가로등 없는 산기슭에
손전등 불빛 발길에 옮기며
숨가쁘게 보궁에 오르니
천지가 어둠에 묻히고
유유상종의 보살님들
허리 휘는 줄 모르고

문수보살 앞에 청법을 깨우치며
새벽별을 맞는다

—「새벽별」 전문

강원도 오대산에 있는 월정사의 말사인 상원사. 월정사에서 12㎞나 떨어져 있는데, 도중에는 오대산 사고(史庫)가 있다.

「새벽별」은 상원사를 찾아가는 과정이 매우 상징적이다. 손전등을 밝히며 어두운 밤길을 걸어 절에 이른다. 거기서 "문수보살 앞에 청법을 깨우치며 새벽별을 맞는다"로 되어 있기 때문이다. 험난한 탐구과정의 정신주의가 시사되고 있다고 하겠다.

시의 고덕(高德)을 정신주의에서 구한 것은 정지용이다. 그는 능력있는 시인이라면, 관능감각 이상의 빛나는 정신주의를 향해 생득적으로 "마침내 그 생리를 밟고 일어서서 인간적 감격 내지 정신적 고양의 계단을 오르게 되는 것이 자연한 것이요, 필연한 것"이라고 했다.

김기양 시인이 찾아나선 정신주의는 우리 한국인에게 가장 많은 영향을 끼친 불교였다. 그는 이번 신작시편에서 「허공에」 「눈물의 무게」 「눈썹달」 「새옹지마」 등 여러 편의 불교적 주제를 선보인다. 주지하는 바와 같이 불교는 이 세상의 온갖 번뇌를 버리고, 수행을 통해 깨달음으로써 부처의 경지를 지향한다. 현실의 물질주의와 상반되는 위치에 있다.

시 「그대 등뒤에 흐르는 눈물 1」에서 보면, 김기양 시인의 모친도 독실한 불교 신자이다. 또한 무위사 상원사 해월사 은혜사 원효암 등의 사찰이 시에 등장한다.

한파의 침묵을 벗어 던지고 불면의 잔뿌리들도 제 갈 길을 찾아 나온다 나서면 금방인걸 천리 길도 아닌데. 짓눌린 그리움에 밤을 헤매는 추억들, 간혹 달님도 곁눈질하고 앙상한 가지도 흔들린다, 서녘에 걸려 있는 법당의 불경소리 해탈열반을 수행하지 못하고 시시각각 일어나는 마음의 미혹과 무명을 제거하지 못하고 고요에 싸인 법당에 앉아 백팔염주 돌리며 뜨거워진 눈에는 이슬이 흘러 내린다, 홀로 서기에 두려움이 엄습해 오던 지난 날, 현실이 힘들어 헤매일 때 삼길산 해월사에 발을 디딘다.

따스한 일체무심(一切無心)을 일깨워
넘어가는 일몰에 눈썹달 품고
법당 문을 나선다

—「눈썹달」 전문

이 시는 산문율을 기본으로 해서 시상의 전개가 결곡하면서도 매우 유연한 느낌을 준다. 현실이 힘들어 헤매게 되면, 번뇌를 씻고자 해월사의 법당에 들어가 마음의 평정을 다듬는다. 그리고는 "넘어가는 일몰의 눈썹달 품고/ 법당 문을 나선다"는 것인데, 정신주의의 한 절정을 그린 것이라고 하겠다.

이와 같은 정신주의는 종교적 미학의 신비주의와 합일을 본질로 한다. '눈썹달'이란 제목도 그러하지만, 이 시에서도 신비적인 감수성은 매우 잔잔한 바가 있다. 서정시가 종교적 미학으로 빠져들수록 서정시는 깊은 감성으로 나아가 내면의 깨달음과 자아회귀의 경지를 보이는 것이다. 불교의

선시(禪詩)는 바로 이런 경우를 일컫게 될 것이다.

제목 '눈썹달'은 함축적인 뜻을 준다. '반달'을 여성의 '머리빗'으로 비유한 것은 황진이의 한시에도 있고, 허영자의 현대시에도 나온다. 여기서는 누에나방의 눈썹에서 온 '아미'가 아름다운 미인의 눈썹을 이르듯이 '눈썹과 같은 반달'로 이해해도 될 것이다. '넘어가는 일몰에 눈썹달 품고'는 너무도 매혹적인 표현이다.

2 생명의 원천을 찾아서

김기양 시인의 초기시를 대표하는 「금강」은 개성적 생명력의 분출이 있고, 시상의 안정적 배치로 감동이 있다. 향토의 오랜 수면에서 깨어난 시혼의 외침이 있다. 또한 이 시는 한국수자원공사 문화제의 백일장에서 장원한 작품이기도 하다. 그의 장원은 이밖에도 한밭전국백일장의 장원이 더 있다.

김기양 시인의 고향은 충북 보은군 회남면 송포리로 대청댐에 수몰된 지역이다. 그는 초등학교 4학년 때부터 대전으로 나와 학교를 다녔지만, 중학교 3학년 때는 고향이 아예 용궁 속으로 침몰되고 만다.

금강은 가슴에
별을 가꾼다.

감청빛 인연으로
별이 흐르는 강물에
마음으론들 그대 하나,
그대 하나 사랑을 싣지 못하랴

천 년 아름다운 영혼으로,
흐름의 의미 전부를
후회없이 맡기고 가는 목선(木船)의 잔영,
물무늬 겹치는 추억의 흔들림

그 낭만의 물살에
검은 머리 감아 빗으면
가슴에 고이는 아주까리 빛 하늘
하늘에서 울려오는 종달새 울음소리

지난 발자취 속에서
허식은 진실이 되고
맑은 믿음에서 철철 넘치는
너와 나의 소망(所望)
눈빛만 보아도 어지럼증의 만남으로
지금 이 만남으로 강 구비구비 인사하며
인고의 세월을 낚아올린다.

아, 내쳐 흘러가는 숙명에
대청댐, 여기 영혼의 통로를 여노니
병(病)으로 친들
약(藥)으로 친들
그대 하나 사랑을 담지 못하랴.

—「금강」 전문

이 시는 금강에 대한 그의 시혼이 열정에 가득차 있으면서도 흥분은 가라앉은 지적 이미지로 시를 성취시킨다. “금강은 가슴에/ 별을 가꾼다”는 첫구절부터가 이러한 표현이다. 그에게 금강은 새로운 향수와 원동력으로 작용하는 힘을 주었다.

시는 수필과 함께 1인칭 문학의 본령을 이루고, 시인의 내면세계는 시의 본질이기도 하다. 우리는 시를 통하여 시인의 내면을 읽게 되고 그 의식을 해석해 낸다. 더구나 시인에게 환경적 요건을 이루고 있는 향토의식과 가족관계 등 생태적 현상은 시인의 이해에 도움을 준다. 우리는 시를 읽는 것이 아니라 시인을 읽는 것이란 바로 이런 경우이다. 그러면서 그 정신의 질에 더 많이 관심을 갖게 된다.

김기양 시인은 「금강」의 성과를 정점으로 소시민 의식의 물결로 상당기간 자못 부영한다. 자연과 계절, 새로운 가족 구성, 부딪치는 생활 양상 등이 그것인데, 그러면서 자신의 정신적 지주를 지키며 시를 고수해왔다.

가족관계에서는 어머니에 대한 상념이 여러 편의 시에서 발견된다. 대표적인 시편을 보기로 한다.

떨리는 눈빛을 보았습니다

지아비의 굴레로 헝클어진 청춘
시린 가슴 만지며 한 길로
고운 빛 일구어 놓으시고

모퉁이에서 눈물 흘리시는 당신을 보았습니다

산다는 것은
푸석한 먼지와도 같은 거
덧없이 흐르는 시간 같은 거
나이 들수록 자식 사랑 품안에 넣고 싶어
가닥가닥 상처 안고
좁은 어깨 들썩이던 당신

당신 그 사랑으로
에미가 되고 애비가 돼서도
오랜 그 사랑 덮어둔 채
세월 가는 줄 모르는 자식들
그 자식들 바라보며
깨진 유리조각 줍듯
주섬주섬 섬기는
속은 텅빈 당신

—「깨어진 유리조각—어머니 3」 전문

어머니에 대한 연작시는 8편이다. "굳세게 자식들을 키워 주신 어머니"(어머니 1) "당신 없는 빈자리가 너무 큽니다"(어머니 2) "다시 볼 수 없는/ 다시 부를 수도 없는/ 당신은 나의 어머니"(어머니 4) 등의 애절한 사모곡을 볼 수 있다.

「아버지」란 시에서도 "이십여 년 전 세상 뜨신 아버지 생각이 난다// 산자락 바람도 휘청이고 있다" 등 육친의 정을 만나게 된다.

「깨어진 유리조각」의 작품적 성과는 '깨어진 유리조각'이란 비유의 극렬성 효과일 것이다. 일단 깨어진 유리는 가해성과 자학성의 양면적인 칼이 되기 때문이다. 이 나라 어머니들이 겪은 인고의 사람, 자식들에 대한 희생적인 사랑, 그리고 "그 자식을 바라보며/ 깨진 유리조각 줍듯/ 주섬주섬 섬기는/ 속은 텅빈 당신"(결구)에서 이 시는 감동을 준다. 가해성의 '깨진 유리조각'을 자학성의 희생을 감수하는 현대판 어머니의 모습이다.

불교의 법계연기설에 의하면 "티끌은 마음의 연(緣)이고, 마음은 티끌의 인(因)이어서 인연이 화합하여 아지랑이 같은 세상이 비로소 생겨난다"(법장)고 했다. 곧 마음이 일체의 사물을 만들고 또한 허문다. '아지랑이 같은 세상'에서 김기양 시인은 그의 시를 쓰며 세속적 삶과의 합일을 이루어낸다.

그리고 "겨자씨에 수미산이 들어가고 바닷물이 털구멍 하나에 들어간다"는 불교의 직관을 만난다.

3 삶의 현장으로 뛰어들다

먼 서산(대산읍) 지역을 승용차로 오가며 (주)성원푸드의 대표로 일하고 있다. 아파트 등 대형 공사장의 단체급식(도시락)을 도맡게 된 것이다. 가족과 사회 등 그의 시적 인식에서도 여러 징후가 일어나게 된다.

> 새벽 6시 하루의 게임이 시작된다
> 바다를 메운 매립장에
> 항타기 소리가
> 아지랑이를 깨운다
> 햇빛 아래 목수들의 망치소리가
> 뙤약볕에 몸을 달구고 있다
> 콘크리트가 바닥을 치고 있다
>
> 기초의 힘겨운 배려일까 형틀이 올라가면서 아파트의 틀이 잡힌다 한층한층 잡히는 건물 사이 깽폼이 외벽을 친다 하스리와 견출은 애무하듯이 곱게 어루만진다. 하루가 하루인지 한 달이 한 달인지, 숨을 쉬고 있는지 눈을 뜨고 있는지, 시간의 초점은 흐려지고, 달력은 한 장 한 장, 떨어져 나간다
>
> 아우성 속에 15층 건물이 서고
> 근로자들의 피와 땀이
> 둥지를 튼다
>
> ―「공사장의 퍼즐」 전문

「공사장의 퍼즐」은 삶의 현장으로 뛰어든 김기양 시인이 뜻밖의 시의 성취를 이룬 하나의 개가라 할 만하다. 경이의 눈으로 건설현장을 바라본 시인의 감수성이 투영되어 있음이다.

현재 문단에서 노동시로 분류되고 있는 시인은 박노해 백

무산 김해화 김신용 등일 것이다. 이들은 노동현실을 사실적으로 묘사하고, 노동조건의 비인간성 등 사회적 노동문제가 주제로 뜬다. 노동시는 그들이 무엇보다도 노동자의 실체험을 바탕으로 쓰고 있다는 것을 강점으로 친다.

그러나 「공사장의 퍼즐」은 노동해방에 기초한 정치성이 아주 배제된 무목적성의 순수한 서정시이다. 15층 아파트가 이루어질 때까지 시의 긴장이 잡혀져 있고, 언어의 탄력이 살아 움직이는 듯한 진경을 보여 준다.

서정시가 현실성을 수용하고 좀더 뚜렷한 주제의식으로 나아갈 때, 시를 삶에 밀착시킨다는 중요한 의미를 지닌다. 다시 말하면 시 쓰는 일이란 세상을 진지하게 사는 일이며, 건강한 시의 요소로 보는 것이다.

이 시는 김기양 시인에게 어떤 전기가 왔음을 보이는 징표라고 할 수 있다. 지금까지의 시인의 사적 체험과 사유의 공간을 뛰어넘어 새로운 시의 확산을 보여주기 때문이다.

> 늦은 밤, 간간히 들리는 윗층 405호, 쿵쾅거리는 소리에 눈을 뜬다. 윗집 사내는 아내를 개 패듯이 팼고, 여자는 자지러지는 비명소리를 낸다.
>
> 내 심장도 겁에 질려 있다.
>
> 일 분이 멀다하고 고함소리는 온 동네를 불 밝히게 했고, 와장창창 돌격에 이어지는 여자의 울음소리.

당신들은 행복했을 터인데.

분명치 않은 것은 사랑의 배려가 식었기 때문은 아닐는지, 앰블런스 차가 도착되었고 다시금, 새벽은 앙큼하니 잠이 들었다.

—「당신들은 행복했었을 터인데」 전문

이 시는 사회의식으로 확산된 작품으로 가정폭력을 고발한다. 보도를 보면 남성의 폭력성은 아내도 있지만, 자녀들에 대한 폭력도 심각한 가정이 있는 듯하다.

앞의 「공사장의 퍼즐」이나 「당신들은 행복했을 터인데」는 모두 작품의 형성원리와 예술적 의도가 사실적 표현법의 접근을 기반으로 하고 있다. 박진감을 주는 요소도 언어적 율동과 함께 실제적 사실에 근거한 분방함에서 온다. "다시금 새벽은 앙큼하니 잠이 들었다"는 눈여겨 볼만한 곳이다. '앙큼하니'는 "엉뚱한 욕심을 품고 분수밖의 짓을 하려는 태도가 있다"는 뜻으로, 여전히 불온한 분위기에 있음을 나타내고 있다.

오늘날 현대시는 넓은 의미의 사회성의 참여 없이는 갈수록 소아적인 틀에서 자승자박할 수밖에 없을 것이다. 문학이 사회적 체험을 해석하여 조직하며, 의미깊은 모습을 갖추도록 요구하고 있기 때문이다. 예술은 사회에 대한 반대의 입장을 통해서 사회적인 것이 된다는 역설의 미학을 주목한다.

김기양 시인은 자신의 사회적 체험과 시적 진실의 합일을 시에 조직하고 투영하여 나름의 진척을 보인다. 그것은 새로운 발견이기도 하리라. 결국 문학은 사회적 산물이다. 시의 언어는 아름답다는 기성관념도 급속히 퇴색된 지 오래다. 전근대적인 자연묘사나 고고한 고전적 운치도 한계에 부딪친다. 새로운 체험의 질료들이 물밀듯이 한국 시단에 이미 오래전에 상륙했음을 우리는 주목하지 않을 수 없다.

4 고고한 긍정의 허수아비

시는 숙련된 비유의 성과물이다. 일찍이 유치환은 그의 단장에서 "시인은 프리즘!/ 그의 예지를 통과함으로써 일체 사상(事象)은 그것이 내포한 다채로운 의미가 증거된다"고 했다. 또한 '예술'도 "석수가 만드는 것이 아니라/ 그 속에 감추어 둔 것을 깨뜨려 찾아내는 것이다"라고 했다.

김기양 시인이 시력이 15년인 것 같다. 근자에 그의 시가 불교의 신비주의적 서정성으로 몰입하고 있는 것은 하나의 구원이다. 한용운 서정주 조지훈 등 산맥들이 불교적 세계관과 선적 미학의 고봉을 이룬다. 그들은 불교적 세계관에 토대를 두고 있지만, 불교적인 요소가 시에 표면화되어 있지 않다. 가령 「국화 옆에서」(서정주), 「알 수 없어요」(한용운), 「승무」(조지훈) 등의 명시들을 보면 한결같이 불교의 윤회사상 같은 것이 녹아 있을 뿐 드러나지 않는다.

'종교시'의 나락을 경계하고 예술성을 지향한 때문이다.

기독교의 정지용 김현승 김종삼 등의 경우에도 '종교시'의 나락은 뛰어넘어야 할 과제였다.

우리는 김기양 시인의 새로운 시적 안목에 주목한다. 그는 시적 대상에서 자신의 체험적 세계관과 인생관을 투영해 가는 미적 자율성을 진취시킨다. 그의 '프리즘'은 그의 예지를 통과하며, "감추어 둔 것을 깨뜨려 찾아내는" 궤도에 오른다.

나는 허수아비다
삼백육십오일 바람이 불어도
삼백육십오일 차갑게 쏟아 붓는 눈보라 속에도
등대지기 불을 밝히듯
희망의 닻을 내릴 수 없어
속내 드러내 보이지 않는
허수아비다

뭇 새들이 날아와
온 몸을 쪼아대도
메마른 돌밭에 목이 말라도
햇빛을
가슴에 안고 고고히 서 있다

아무도 어루만져 주는 이 없어
안개에 덮여 하얗게 사위어 가도
불만 없이 나날을 버틴다

가끔은 노래를 부르고
스스로 끌어안고 살아도
황혼녘, 외로움에
두 눈 부릅뜨고 해바라기 하는
나는 허수아비다

—「나는 허수아비다」 전문

이 시는 '허수아비'의 이미지를 새롭게 바꾸어 놓은 작품이다. 지금까지 '허수아비'는 "쓸모가 없거나 실천이 없는 사람"을 비유하였고, 때문에 이를 '괴뢰·꼭두각시'라고 했다. 참새 따위를 오지 못하게 막대기와 짚 따위로 사람 모양을 만들어 논밭에 세운 허수아비, 그것이 이 시에서는 새로운 변형을 보인다.

이 시의 내용을 편의상 추려보면 다음과 같이 될 것이다.

제1연 : 365일 바람 불고 눈보라 치는 속에서도 희망을 버릴 수 없는 나는 허수아비다
제2연 : 새들이 쪼고 목이 말라도 나는 고고히 서 있다.
제3연 : 하얗게 사위어 가도 불만 없이 나날을 버틴다.
제4연 : 황혼녘 외로움에 두 눈 부릅뜨고 희망을 찾는 나는 허수아비다.

「나는 허수아비다」는 단순한 약자의 변호를 뛰어넘어 사회의식이 내뿜는 일종의 저항의 시라고 할 것이다. 지천명에 이른 시인의 삶의 결산이 숨어 있음이다. 그가 겪고 살

아온 체험에서 얼마든지 매몰되기 쉬운 여건을 통찰한다. 비록 연약하고 사회적 위치 또한 미약한 것이 사실이지만, 그렇다고 결코 허수아비일 수는 없는 일이요, 타고난 엄연한 자유인임을 선언하고 있는 것이다. 오늘날 개인주의 발달에 입각한 놀라운 지혜의 소산일 수 있는 작품이다.

또한 이 시의 '나는 허수아비다'란 제목이나 본문의 역설적 표현임을 유념해야 할 것이다. 고도의 긍정과 부정 사이에 귀중한 자아발견의 주제를 볼 수 있을 것이다.

이상 시의 완성도가 높은 7편의 작품을 통하여 김기양 시인의 시세계를 살펴보았다. 주지하는 바와 같이 예술은 결국 대표작만이 남는 것이라 해도 과언이 아니다. 아무리 시를 많이 썼어도 대표작이 부상되지 않았을 때는 사람들의 기억에서 사라지게 된다.

가령 우리 문학사에서 보면 김상용(1902~1951) 같은 이는 시집 「망향」의 시 「남으로 창을 내겠소」 1편이 인구에 회자되어 지금도 많은 사람의 기억에 살아 있음을 본다.

세계의 명화집 같은 것을 보면 그 연면한 예술의 혼에 전율을 느낄 때가 있다. 물론 그것도 대표작들이다. 우연한 기회에 화선(畵仙)으로 일컬어지는 이당 김은호 화백의 화집을 보고 깊은 감명을 받은 적이 있다. 인쇄매체인 시보다 훨씬 직접적인 감동인 것이다. 특히 이당은 장수하기도 했지만, 9순의 노경에도 개인전을 가졌다는 것을 보고 놀라움을 금할 수 없었다. 화력이 무려 70여년이었던 것이다.

김기양 시인은 조용한 자기 삶속에서 시인적 어떤 전환을 향하여 꾸준히 정진하며 예술의 혼과 시의 영험에 눈 떠 있다. 불교적 사상의 심취가 있는가 하면, 사회의식의 영역에서 대아(大我)의 빛이 번득인다. 그의 언어는 조직적이면서 투철한 것이 있다. 그는 세속의 잡동사니에 같이들 파묻혀 살며 그것을 즐기고 놀면서도 의연한 기품을 잃지 않는다. 그의 타고난 시인적 생명력이 거기 있었다. ■

김기양의 허수아비

김기양 시선집

인쇄일 / 2011년 8월 25일
발행일 / 2011년 9월 5일
발행인 / 李憲錫
지은이 / 김기양

편집·인쇄 / 오늘의 문학사
대전광역시 동구 삼성1동 125-6 한밭오피스텔 401호
Tel(042)624-2980 Fax(042)628-2983
등록 / 제55호(1993년 6월 23일)
홈페이지 www.lito77.co.kr
글짱카페 : www.cafe.daum.net/gljang
E-mail : hs2980@hanmail.net
ISBN 978-89-5669-453-5

값 10,000원

©2011. 김기양

* 잘못된 책은 바꾸어 드립니다.
* 지은이와의 약정에 의해 인지를 생략합니다.